# REFLEKSI KRITIS KEJAHATAN *MONEY LAUNDERING* DALAM SUDUT PANDANG KRIMINOLOGI DAN BERBAGAI TOPIK LAINNYA

## ANADIYA RIHARSYA

# REFLEKSI KRITIS KEJAHATAN *MONEY LAUNDERING* DALAM SUDUT PANDANG KRIMINOLOGI DAN BERBAGAI TOPIK LAINNYA

**Anadiya Riharsya**

**ISBN 978131200052**

**Desain Sampul dan Layout oleh Penulis**

**Dicetak Oleh: Cintabuku Publisher**

Anadiya Riharsya

**Untuk Mama, Papa dan Kakak yang ku cintai**

*You must stay drunk on writing so reality cannot destroy you*
Ray Bradbury

*Being a writer is a very peculiar sort of a job: it's always you versus a blank sheet of paper (or a blank screen) and quite often the blank piece of paper wins*
Neil Gaiman

*A word after a word after a word is power.*
Margaret Atwood

# NEXUS MONEY LAUNDERING DAN

# KEJAHATAN TRANSNASIONAL

*If you want to steal then buy a bank.*
(BERTOLT BRECHT, PARAPHRASED)

Pada masa sekarang sudah banyak orang yang tahu bahwa istilah *money laundering* ("pencucian uang") dan *dirty money* ("uang kotor") sangat erat sekali hubungannya. Keduanya saling berkaitan dan menompang satu sama lain. Secara tradisional, *money laundering* dilihat sebagai cara untuk mencuci uang kotor (*dirty laundering*) berasosiasi dengan perdagangan obat-obatan terlarang. Seiring perkembangan waktu *money laundering* lebih dari sekedar perputaran uang kotor hasil dari perdagangan narkoba. Untuk mengerti lebih dalam *money laundering*, potensi bahaya, kekuasaan penopang, pengaruh dan keuntungannya, terlebih dahulu dibahas tentang definisi dan ruang lingkupnya[1]

---

[1] Peter lilley. Dirty dealing: The Untold Truth About Global Money Laundering, International Crime, and terrorism. 2006. Kogan Page Limited. Philadelphia

- Pencucian (Laundering) adalah produk dari penipuan finansial secara simultan dan berkelanjutan.

- Kelompok teroris membutuhkan dana hasil *money laundering* untuk membiayai aktivitas teror atau kejahatan lainnya. Salah satu contoh organisasi teroris yang memutar uang hasil tindak kejahatan terorisme adalah The Revolutionary Armed Forces of Colombia (FARC) menurut José Félix Lafaurie, president of the Colombian Federation of Cattle Ranchers, *buys large quantities of cattle and sells them, often at lower prices. As a result, the terrorist group controls the market for cattle in certain regions, affecting legal cattle ranchers.* (mereka membeli peternakan dalam jumlah besar lalu menjualnya dengan harga rendah, yang pada akhirnya menjadikan kelompok teroris tersebut menguasai pasar ternak di daerah tertentu dan dapat mempengaruhi para peternak sapi)[2]

- Hampir seluruh dunia teridentifikasi berhubungan dengan kegiatan kriminal yang membutuhkan pertukaran mata uang. Salah satu mata uang yang diterima secara global adalah Dollar Amerika. Salah satu fenomena money laundering yang berhubungan dengan konversi mata uang Dollar adalah Black Peso dari Kolumbia *"the black peso exchange launders $ 5 billion dollars of drug money a year for Columbia traffickers"*, tidak ketinggalan Mexico yang sekarang berada di situasi yang sama. Di negara lain seperti Amerika Selatan tepatnya Bolivia sekitar 300.000 orang terlibat secara langsung dan tak langsung pada bisnis kokain. Bila produksi kokain dikurangi akan berkontribusi pada tingkat pengangguran dan kemiskinan. Sedangkan di Rusia pengaruh kelompok kriminal mempengaruhi tinggi atau tidaknya ranking seseorang mulai dari penjahat jalanan sampai yang berada di dalam pemerintahan Rusia. Di Myanmar, rezim Junta militer dicurigai berhubungan dengan kegiatan perdagangan narkoba dan

---

[2] http://insidecostarica.com/2014/01/08/colombia-tangled-web-money-laundering/.
Colombia: The tangled web of money laundering

dicurigai sebagai negara-narco.

- Kejatuhan Tembok Berlin dan akhir perang dingin adalah awal dari perang lokal, banyak konflik yang berhubungan dengan kegiatan kriminal.

- Money laundering terkait juga dengan aktifitas perdagangan manusia, perdagangan seks, pemerasan dan blackmail. Lebih krusial keuntungan tersebut dicuci dengan diinvestasikan kembali dalam lingkaran kegiatan yang legal maupun ilegal.

- Pencucian uang adalah kegiatan dinamis yang memudahkan kegiatan kejahatan lainnya untuk tumbuh dan meluas. Pada proses ini pencucian uang dapat dibersihkan dengan kegiatan normal sehingga kita hanya mempunyai kesempatan kecil untuk mengontrol dan membasminya.

Kebangkitan aktivitas organisasi kejahatan berkaitan dengan bisnis global. Dana yang dibutuhkan untuk menjalankan aktivitas dilegalkan dengan mencuci lewat bank internasional dan sistem bisnis internasional. Globalisasi, pasar internasional, revolusi teknologi, dan ketidakpastian politik dan ekonomi seperti Uni Soviet adalah pendukung kejahatan money laundering. Salah satu media memberitakan industri ilegal obat mendapatkan keuntungan lebih dari $400 juta dollar per tahun, lebih besar dari keuntungan industri minyak dan gas. Industri ini mempunyai 400 juta pelanggan, dan setengah dari keuntungannya berhasil di cuci setiap tahunnya. Michael Camdessus, mantan Managing Director International Monetary Fund memperkirakan volume dari *cross-border money laundering* sekitar dua sampai lima persen dari Gross Domestic Product dunia yang diperkirakan mendekati USD 600 milliar. Hal ini hanyalah satu bagian dari proses money laundering.

Berikut adalah faktor yang melatarbelakangi kegiatan money laundering:

1. Perdagangan global, alur finansial dan penggunaan internet yang meningkat tajam. Hal ini berarti dalam perdagangan bebas, uang dapat berpindah hanya dalam hitungan detik, yang tentu saja mengakibatkan lompatan yurisdiksi dari waktu kewaktu. Seperti slogan yang dipakai di era globalisasi adalah *"new rules, no borders. Are you ready to global?"*

2. Dalam kenyataannya tidak ada peraturan baru dalam menghadapi money laundering. Deregulasi tidak sejalan dan tidak konsisten dengan peraturan anti money laundering, karena bagaimanapun akan selalu terbentur dengan perdagangan global.

3. Kompetisi, konsolidasi dan kolaborasi membentuk tekanan besar baik dari organisasi maupun pekerja. Semua orang berusaha untuk mengumpulkan laba dan keuntungan dengan cepat, tidak terlepas pada industri legal dalam kerjasama mereka akan selalu mendahulukan keuntungan.

4. Penggunaan teknologi memudahkan pelaku kejahatan dalam aktivitas money laundering.

5. Kekuatan dan pengaruh politik dapat dengan mudah dipengaruhi. Kejahatan terorganisir dengan mudah mempengaruhi karena mereka membeli pengaruh. Politisi dalam banyak kasus ikut terlibat atau menjadi pelaku langsung, karena korupsi dan money laundering dilakukan oleh orang yang sama.

Lebih lanjut, negara-negara kecil yang berada dalam kemiskinan dan hutang akan mencari alternatif ekonomi baru. Termasuk di dalamnya sistem finansial *off shore* yang memudahkan pelaku pencucian uang membersihkan dana tersebut menjadi dana legal.

Istilah *money laundering* pertama kali muncul sekitar tahun 1920-an semasa para mafia di Amerika Serikat mengakuisisi usaha mesin pencuci otomatis (*Laundromats*) setelah mereka mendapatkan uang dalam jumlah besar dari kegiatan ilegal seperti pemerasan, prostitusi, perdagangan minuman keras dan narkoba. Anggota mafia diminta untuk menunjukkan sumber-sumber finansial dengan mengaburkan asal-usulnya. Salah satu cara yang mereka lakukan adalah dengan membeli perusahaan yang sah (*Laundromats*), kemudian menggabungkan uang haram dengan uang yang diperoleh secara sah dari kegiatan usaha *Laundromats*. Alasan pemanfaatan usaha *Laundromats* tersebut adalah karena hasil dari tindak pidana yang mereka lakukan sejalan dengan hasil kegiatan usaha *Laundromats* yaitu berupa uang tunai (*cash*). Cara seperti itu ternyata memberikan keuntungan besar dan sangat menjanjikan bagi pemimpin *gangstar* sekaliber Al Capone[3] (Nasution)

## Definisi *Money Laundering*

Definisi *money laundering* seiring dengan berjalannya waktu mengalami perkembangan dan kontroversi. Perkembangan definisi *money laundering* berkembang meliputi beberapa tipe kejahatan. Definisi *money laundering* pada awalnya berkaitan dengan penjualan dan produksi narkoba dan psikotropika seperti yang diterangkan dalam *UN Convention Against the Illicit Traffic in Narcotic Drug and Psikotropic Substances* tahun 1988. Kemudian pada tahun 1990 dalam *Financial Action Task Force Recommendation dan Provision of 1990 Strasbourg Convention On Laundering, Search Seizure and Confiscation of The Proceed from Crime* memperluas hubungan antara *money laundering* dengan kejahatan lainnya. *Money laundering* dianggap sebagai kelanjutan aktivitas dari kejahatan yang menghasilkan keuntungan ekonomi besar seperti penipuan, korupsi, peneylundupan senjata api dan lain-lain.[4] Dalam pengertian Interpol sebagai organisasi internasional kepolisian menyatakan money laundering adalah *"any act or attempted act to conceal or disguise the identity of illegally obtained proceeds so that they appear to have originated from legitimate sources".*

*Money laundering* menurut Robinson *adalah "what it is because that perfectly describes what takes place - illegal, or dirty, money is put through a cycle of transactions, or washed, so that it comes out the other end as legal, or clean, money. In other words, the source of illegally obtained funds is obscured through a succession of transfers and deals in order that those same funds can eventually be made to appear as legitimate income"*[5]

---

[3] Edi Nasution. Memahami praktek pencucuian uang sebagai hasil kejahatan.
[4] Brigitte Unger. The Scale and Impacts of Money Laundering. 2007. Edward Elgar Publishing Limited. United Nation. Hlm 32
[5] http://www.laundryman.u-net.com/page1_hist.html

*Money Laundering* adalah merupakan upaya pelaku kejahatan untuk menyembunyikan atau menyamarkan asal usul harta kekayaan yang di peroleh dari tindakan pidana dengan cara memasukan harta kekayaan hasil tindak pidana kedalam sistem keuangan khususnya dalam sistem perbankan baik didalam maupun diluar negeri dengan maksud menghindarkan diri dari tuntutan hukum atas kejahatan yang telah dilakukan dengan mengamankan harta kekayaan hasil kejahatan dari sitaan aparat hukum[6]. Dengan bermacam modus *Money laundering* dapat dilakukan dengan berbagai cara mulai dari hibah, penitipan, pertukaran, pembayaran hingga pentransferan.

Pertama kali money laundering digunakan oleh gangster Amerika yang mempunyai usaha laundry besar-besar, yang menghasilkan keuntungan dari prostitusi, judi, penjualan alcohol dan pemerasan. Disamping kelompok Al capone yang dahulu bermarkas di Chicago, banyak juga kelompok gengster lain yang sering melakukan kejahatan *money laundering*. Misalnya. kelompok kartel obat bius Amerika tengah dan Selatan. Lacosta, Nostra, Nigerian Drug traffikers (NDT) yang beberapa anggota setempat tertangkap di Jakarta, Triad (china), atau Yakuza (jepang).[7]

Menurut Billy Steel, *money laundering* sebagai "sebutan" (istilah) sebenarnya belum lama dipakai. Istilah *money laundering* pertama kali digunakan pada surat kabar di Amerika Serikat sehubungan dengan pemberitaan skandal *Watergate* pada tahun 1973. Sedangkan penggunaannya dalam konteks pengadilan atau hukum muncul pertama kali pada tahun 1982 dalam kasus *US v $4.255.625,39 (1982) 551 F Supp, 314.* Sejak itulah istilah *money laundering* diterima dan digunakan secara luas di seluruh dunia. [8]

Kejahatan *money laundering* belakangan ini makin mendapat perhatian khusus dari berbagai kalangan, yang bukan saja dalam skala nasional, tetapi juga meregional dan mengglobal melalui kerja sama antar negara-negara. Gerakan ini

---

[6] Da'I Bachtiar., *Ibid.* hlm 1,

[7] Munir Fuady, *Bisnis Kotor (Anatomi Kejahatan Kerah Putih),* Bandung: PT. CITRA ADITYA BAKTI, 2004, hlm 83

[8] Jeffrey Robinson dalam Edi Nasution, ibid

terpicu oleh kenyataan di mana kini semakin maraknya kejahatan *money laundering* dari waktu ke waktu, sementara kebenyakan negara belum menetapkan sistem hukumnya untuk memerangi atau menetapkannya sebagai kejahatan yang harus diberantas. Sebegitu besarnya dampak negatif yang ditimbulkannya terhadap perekonomian suatu negara, sehingga negara-negara di dunia dan organisasi internasional merasa tergugah dan termotivasi untuk menarik perhatian yang lebih serius terhadap pencegahan dan pemberantasan kejahatan pencucian uang. Hal ini didorong karena kejahatan *money laundering* mempengaruhi sistem perekonomian khususnya menimbilkan dampak negatif baik secara langsung maupun tidak langsung[9].

Yang dimaksud dengan pencucian uang atau *money laundering* di Indonesia, menurut Undang-Undang Nomor 25 Tahun 2003 tentang Tindak Pidana Pencucian Uang memberikan definisi pencucian uang dalam Pasal 1 angka 1 yang berbunyi sebagai berikut:

> "Pencucian Uang adalah perbuatan menempatkan, mentransfer, membayarkan, membelanjakan, menghibahkan, menyumbangkan, menitipkan, membawa keluar negeri, menukarkan, atau perbuatan lainnya atas Harta Kekayaan yang diketahuinya atau patut dicurigai merupakan hasil tindak pidana dengan maksud untuk menyembunyikan, atau menyamarkan asal usul Harta Kekayaan sehinnga seolah-olah menjadi Harta Kekayaan yang sah."

Terdapat beberapa pengertian *money laundering* adalah Black's Law Dictionary mengartikan *money laundering* sebagai:

> *"Term used to describe investment or other transfer of money flowing from racketeering, drug transaction, and other illegal sources into legitimate channels so that its original source cannot be traced (*istilah yang digunakan untuk menggambarkan investasi atau pengalihan bentuk

---

[9] Kuswanto, Ibid, hlm 6

uang mengalir pemerasan, transaksi narkoba, dan salah satu sumber yang ilegal ke saluran sah sehingga sumber aslinya tidak dapat ditelusuri[10]".

Konvensi PBB Tentang Pencegahan dan Pemberantasan Perdagangan Illegal Narkotika, Obat- obatan Berbahaya dan Psikotropika Tahun 1988 (the United Nations Convention Against Illicit Trafic in Narcotics, Drugs and Psychotropic Substances of 1988) mengartikan *money laundering* adalah

> *"The convertion or transfer of property, knowing that such property is derived from any serious (indictable) offence or offences, or from act of participation in such offence or offences, for the purpose of concealing or disguising the illicit of the property or of assisting any person who is involved in the commission of such an offence or offences to evade the legal consequences of his action; or The concealment or disguise of the true nature, source, location, disposition, movement, rights with respect to, or ownership of property, knowing that such property is derived from a serious (indictable) offence or offences or from an act of participation in such an offence or offences".*

[terjemahan bebas:]

Konversi atau pengalihan harta, mengetahui bahwa kekayaan tersebut berasal dari serius (dpt dituduh) pelanggaran atau pelanggaran, atau dari tindakan partisipasi dalam tindak pidana atau pelanggaran, untuk tujuan menyembunyikan atau menyamarkan kekayaan yang tidak sah atau membantu apapun orang yang terlibat dalam komisi seperti suatu pelanggaran atau pelanggaran untuk

---

[10] Henry Campbell Black, Black's Law Dictionary (Sixth Edition), St. Paul Minn. West Publishing Co., 1990, hal. 884

menghindari konsekuensi hukum dari tindakannya, atau penyembunyian atau penyamaran yang sifat benar, sumber, lokasi, sifat, gerakan, hak-hak yang berkaitan dengan, atau kepemilikan properti, mengetahui bahwa kekayaan tersebut berasal dari seorang yang serius (dpt dituduh) pelanggaran atau pelanggaran atau dari suatu tindakan seperti partisipasi dalam suatu tindak pidana atau pelanggaran.)

Metode pencucian uang terkait dengan sistem perbankan dan bisnis internasional, sama seperti terminologi Prancis *Blanchiment d'argent* yang berarti *"black money is washed so it's end up whiter than white"*. Begitu juga keterkaitan *money laundering* berhubungan dengan kelompok kejahatan transnasional yang terorganisir

## Hubungan *Money Laundering* Dengan Kejahatan Terorganisir

Dimulai dari tahun 1920, di Amerika Serikat berkembang dengan pesat. Banyak cara mendefinisikan kejahatan terorganisir, tetapi disini saya menggunakan pendekatan kriminologi. Dalam pendekatan kriminologikal kejahatan terorganisir adalah yang membahayakan masyarakat berasal dari kejahatan organisasi. Organisasi yang dimaksudkan beranggotakan minimal 3 orang yang secara terus menerus melakukan kejahatan untuk mencari keuntungan dan membuat system perlindungan sendiri yang berlawanan dengan kontrol sosial seperti kekeraan, intimidasi, korupsi ataupun pencurian skala besar.

Hubungan kejahatan dengan money laundering dapat dilihat beberapa fakta, pertama, kejahatan terorganisir ikut terlibat dalam kejahatan structural bertujuan mencari keuntungan sebanyak-banyaknya. Kedua, aktivitas mereka meliputi menyediakan barang dan pelayanan illegal. Barang dan pelayanan illegal biasanya lebih mahal dibandingkan barang legal, karena system monopoli yang memudahkan mereka mengumpulkan keuntungan sebanyak-banyaknya. Contohnya tidaknya hanya obat-obatan terlarang, tetapi juga penyelundupan senjata, jual bali organ manusia sampai pada pornografi anak.

Besarnya keuntungan yang didapat memudahkan *organize crime* membeli kekuasaan baik dari aspek politik maupun ekonomi. Pengaruh *organize crime* dalam menaklukan pemangku kekuasaan seperti politisi maupun penegak hukum menyamarkan kejahatannya. Alat negara untuk mengurangi kejahatan tidak dapat menjalankan fungsinya dengan baik termasuk kejahatan terorganisir dan kejahatan lanjutgan seperti *money laundering.*

## Ekspansi *Money Laundering* Ke Kejahatan Lain

Walaupun pada awalnya money laundering hanya dilihat sebagai kejahatan lanjuta dari penjualan obat-obatan terlarang, tetapi tindak kejahatan money laundering mengalami perkembangan cepat dalam kejahatan lain. Penegak hukum memperluas cakupan tindak kejahatan money laundering pada hampir seluruh kejahatan yang berhubungan dengan mencari keuntungan sebanyak-banyaknya. [11]

Perkembangan kejahatan terorganisir tidak lagi hanya terpaku pada penjualan atau penyelundupan obat-obatan terlarang, berpengaruh pada ruang lingkung money laundering itu sendiri. Ekspansi ini adalah hasil dari fakta berbagai bentuk kejahatan yang menghasilkan keuntungan besar seperti penyelundupan senjata, kejahatan lingkungan ataupun penyelundupan benda-benda bersejarah mejadi agenda politik.

## Tipologi Money Laundering

Money laundering dapat dilakukan dengan banyak modus, mulai dari melibatkan bank sampai pada menitipkan dana tersebut pada orang lain. Namun, pada dasarnya seluruh modus tersebut dapat dikategorikan menjadi tiga jenis tipologi[12].

---

[11] Guy Stessens. Money Laundering, A New International Law Enforcement Model. 2003. Cambridge University Press. Australia.
[12] Pusat Pelaporan dan Analisis. Anti Pencucian Uang dan Pencegahan Pendanaan Terorisme

**Ilustrasi tahapan pencucian uang**

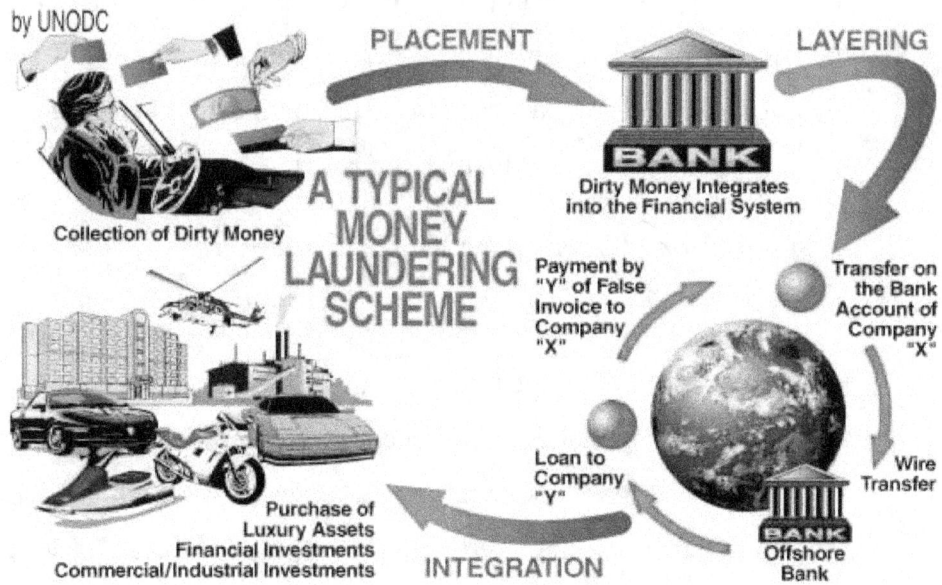

**Sumber: Edi Nasution. Memahami Praktek Pencucian Uang
Hasil Kejahatan. 2011**

1. Penempatan *(Placement)*

   Penempatan adalah upaya untuk menempatkan dana hasil kejahatan, bisa melalui bank, lembaga tertentu atau dilakukan penyimpanan dana dalam bentuk properti. Tahapan ini adalah langkah pertama dalam pencucian uang. Saat ini bentuk penempatan dana hasil kejahatan dapat dilakukan dengan cara, bisa dilakukan dengan transfer antar bank, membeli saham atau properti, melakukan konversi harta, menitipkan uang ke orang lain, menggunakan account orang lain untuk melakukan transaksi dan memecah transaksi dalam jumlah kecil.

2. Pemisahan atau pelapisan (Layering)

   Adalah memisahkan hasil tindak pidana dari sumbernya melalui beberapa tahapan dengan tujuan menyamrkan dan menyembunyikan asal usul uang. Beberapa modus layering:

   - Transfer dana secara elektronik

Transfer secara elektronik dapat dilakukan secara cepat, lintas bantas, berulang-ulang, dapat mudah dititip atau dipalsukan, sehingga menyulitkan penelusuran

- Transfer melalui kegiatan lepas pantai (offshore)
  Offshore bank menyediakan layanan untuk penyimpanan dana dengan kelebihan sangat susah terjangkau hukum karena masalah yurisdiksi. Disamping itu offshore bank juga mempunyai jaringan luas sehingga memudahkan proses money laundering.

- Penggunaan perusahaan boneka
  Adalah perusahaan yang didirikan secara sah berbadan hukum tetapi tidak menjalankan fungsi semestinya. Tujuan pendirian adala mendirikan dan menyamarkan transaksi fiktif

3. Penggabungan (Integration)

Mencuci dana kotor seolah-olah berasal dari binis legal, diidentivikasikan kedalam berbagai jenis produk keuangan dan bentuk material lainnya, dipergunakan untuk membiayai bisnis yang sah maupun membiayai kembali kejahatan lainnya.

- Melakukan investasi pada suatu kegiatan usaha
  Mendonori perusahaan lain dan hasil kegiatan usaha tersebut dianggap sebagai pendapata usahanya

- Penjualan dan pembelian aset
  Mendirikan perusahaan boneka seolah-olah melakukan transaksi pembelian aset properti seperti gedung dengan menaikan harga.

- Penggabungan
  Pelaku menyimpan harta hasil kejahatan di dalam perbankan sebagai harta kekayaan perusahaan boneka. Menggunakan harta tersebut, kemudian perusahaan boneka bertindak sebagai perusahaan pembiayaan menyediakan skema investasi atau pembiayaan kepada perusahaan lain yang memiliki kegiatan usaha yang sah.

## MASALAH KEMISKINAN

Kapitalisme sebagai ideologi dasar globalisasi dianut dihampir semua negara maju (negara pertama). Saat ini tidak ada yang bisa membantah kedigdayaan rezim kapitalisme mendominasi peradaban dunia global. setelah kapitalisme memonopoli hampir seluruh sistem ekonomi, timbul pertanyaan apakah sistem kapitalis ini adalah sistem yang mampu menjawab semua persoalan global maupun nasional

Berdasarkan studinya di negara-negara berkembang, Dominelly dan Hoogvelts dalam Restructuring Development Theories and Policies (1999) menunjukkan bahwa kapitalisme bukan saja telah gagal mengatasi krisis pembangunan, melainkan justru lebih memperburuk kondisi sosial-ekonomi di Dunia Ketiga. Menurutnya: *Compared to the socioeconomic situation under the statist governments during the 1960s and 1970s, under the pro-market regimes of the 1980s and 1990s, the condition of poverty has worsened in many African and Latin American countries in terms of an increase in the number of people in poverty, and a decline in economic-growth rate, per capita income, and living standards*[13]

---

[13] Dominelly, L. dan A. Hoogvelts (1996), "Globalisation and The Technocratisation of Social Work", Critical Social Policy, hal.45

Kapitalisme yang berlarut-larut menyebabkan wajah pembangunan akan diformat dan dikuasai oleh elit teknokrat dan elit konglomerat yang berkolaborasi mereduksi pembangunan yang tahap demi tahap diarahkan menuju teknokrasi totaliter dan *"work-fare state"* (bukan welfare state) yang mematikan kesejatian manusia, kebebasan, kebahagiaan, keselarasan, keharmonisan dan yang mengasingkan manusia dari semesta dan sesamanya[14]

Di Brazil, sistem kapitalis ini membunuh ribuan anak setiap tahun akibat penyakit dan kelaparan. kapitalisme (menyebabkan) secara langsung maupun tidak langsung menjadikan mayoritas orang menjadi terpenjara oleh kebutuhan-kebutuhan. Empat-perlima penduduk dunia secara resmi hidup dalam kemiskinan, dan sistem ini tetap mempertahankan mereka pada posisi kemiskinan itu. Negara-negara Dunia Ketiga dibuat tergantung pada bantuan dari negara-negara industri, dan kekayaan alam mereka dikering tandaskan oleh kekuatan-kekuatan imperialis ini. Ini memperparah akses untuk keluar dari kemiskinan yang diakibatkan sistem kapitalis yang dianut oleh negara maju semakin sulit. Sebagian besar dari Dunia Ketiga dihambat untuk berkembang maju secara ekonomi. Ini lah yang dinamakan dengan kemiskinan struktural, yaitu kemiskinan yang diciptakan oleh suatu hagemoni kekuasaan yang lebih besar atas kekuasaannya, otoritasnya maupun kebijkannya yang menjadikan yang miskin semakin miskin dan termarjinalkan dengan menghambat akses untuk keluar dari kemiskinan tersebut.

Pada tahun 1990, Dunia Ketiga menerima bantuan resmi sebesar 44 milyar dolar AS. Di tahun yang sama, 165 milyar dollar AS mengalir dari Dunia Ketiga ke negara-negara imperialis hanya untuk melayani pembayaran hutang luar negeri.[15] Teknologi dan uang yang diperlukan untuk proses industrialisasi di Dunia Ketiga dimonopoli oleh perusahaan-perusahaan transnasional di negara-negara kaya. Kurang dari 700 perusahaan-perusahaan seperti ini mengontrol hampir keseluruhan produksi dunia. Untuk mengumpulkan bahan-bahan mentah dan menjual produk-produk pertanian ke negara-negara maju, ekonomi-ekonomi

---

[14] Suharto, Edi (1997), Pembangunan, Kebijakan Sosial dan Pekerjaan Sosial: Spektrum Pemikiran, Bandung: Lembaga Studi Pembangunan STKS

[15] Murchland, B.,(1992) Humanisme dan Kapitalisme, (terjemahan), Tiara Wacana, Yogyakarta.

Dunia Ketiga harus bekerja sama dengan perusahaan transnasional yang mengambil sebagian besar keuntungan. Kemudian produk-produk jadi, yaitu barang-barang manufaktur, dijual kembali ke Dunia Ketiga.

Kontrol transnasional atas tekhnologi dan keuangan memungkinkan negara-negara maju untuk mendominasi industri manufaktur. Tidak hanya itu, negara kapitalis akan menggunakan blok-blok perdagangan dan kekuatan militer untuk memaksakan kehendak. Ekonomi Dunia Ketiga menyediakan buruh dan bahan mentah murah, dan mengkonsumsi apa yang dijual oleh perusahaan-perusahaan multinasional tersebut. Untuk tetap kompetitif, perusahaan-perusahaan itu semakin membayar murah untuk Dunia Ketiga dan menuntut harga tinggi untuk bahan-bahan jadi yang mereka produksi. Maka wajarlah yang miskin menjadi semakin miskin.

Pada permulaan dekade ini, pendapatan rata-rata penduduk Dunia Ketiga hanya 6% dari besarnya pendapatan rata-rata penduduk di negara-negara imperialis kaya. Jika datang krisis ekonomi, maka mereka menggenjot persaingan yang lebih ketat demi keuntungan perusahaan, dengan menyalahkan pertambahan jumlah penduduk, negara paling terbelakang. Tahun 1990, 11 negara lagi masuk kedalam daftar ini sehingga menjadi 42 negara.[16] Ini lah bukti bahwa kapitalisme adalah sistem menyebarkan kemiskinan seluas mungkin.

Sedangkan akibat dari kapitalisme di Indonesia secara terus-menerus menjadi sasaran dari eksploitasi modal asing yang berasal dari negara-negara Industri maju seperti AS, Jepang, Uni Eropa, yang didukung oleh lembaga keuangan multilateral (IMF/WB/ADB). Utang luar negeri menjadi pembuka jalan bagi investasi modal besar untuk melanjutkan eksploitasi atas perekonomian Indonesia. Utang luar negeri Indonesia hingga ahir tahun 2008 mencapai Rp 1.640 triliun (KURS 11.000/US$), yang terdiri dari utang swasta dan utang pemerintah. Ditambah dengan utang dari obligasi negara (surat utang) yang berasal dari dalam dan luar negeri sebesar 973 triliun, maka total utang mencapai Rp 2.613 triliun. Artinya setiap kepala keluarga di negara ini harus menanggung utang sedikitnya Rp 44 juta/ rumah tangga (jumlah penduduk 230,4 juta jiwa,

---

[16] ibid

jumlah rumah tangga 59,2 juta dan anggota rumah tangga 3,89 jiwa/ rumah tangga). Padahal utang luar negeri yang sangat besar tersebut tidak digunakan untuk rakyat, tetapi menjadi sumber bagi pembiayaan kepentingan modal besar. Sementara Negara dengan menggunakan pajak rakyat harus membayar bunga dan cicilan hutang pokok dalam jumlah yang sangat besar yaitu mencapai Rp. 495,69 triliun atau setara dengan 58 persen pendapatan Negara atau 75 persen pendapatan pajak dalam Anggaran Pendapatan dan Belanja Negara (APBN) tahun 2009.[17]

Lahirnya seluruh produk hukum dan dibangunnya segenap infrastruktur yang mendukung eksploitasi modal atas ekonomi Indonesia, telah meningkatkan dominasi modal besar asing hampir di seluruh sektor. Hingga saat ini lebih dari 175 juta lahan telah dikuasai oleh modal swasta, setara dengan 91 persen luas daratan Indonesia. Sebanyak 90 persen kekayaan migas nasional dikuasai investor asing, kekayaan tambang mineral 89 persen dikuasai modal asing, di sektor batubara 75 persen dikuasai modal asing. Hampir seluruh output yang dihasilkan dari eksploitasi sumber daya alam telah digunakan untuk memasok kebutuhan ekspor ke negara-negara industri maju, baik mineral, migas dan komoditas perkebunan. Akibatnya meski Indonesia adalah penghasil migas, akan tetapi menjadi net importer produk migas dan importir produk olahan lainnya yang bernilai tambah tinggi. Dipersembahkannya sumber bahan mentah untuk pasar ekspor inilah yang menjadi sebab dari hancurnya industri nasional, minimnya kesempatan kerja, rendahnya produktivitas usaha-usaha nasional serta semakin mahal dan langkanya sumber-sumber energi di dalam negeri.

Semakin luasnya dominasi dan semakin tingginya eksploitasi modal besar terhadap kekayaan rakyat Indonesia, tidak hanya memperparah kondisi ekonomi, akan tetapi juga memperburuk kondisi lingkungan. Jutaan hektar hutan mengalami deforestasi, lahan-lahan pertanian penduduk berubah menjadi lokasi tambang migas, kebun sawit dan perumahan-perumahan mewah dan industri kotor yang menghasilkan polusi. Sangat tampak bahwa eksploitasi SDA dijalankan melalui praktek penghancuran sistem reproduksi alam dan sistem produksi sosial rakyat. semakin tinggi investasi, semakin banyak rakyat yang

---

[17] http://api.or.id/?p=436

kehilangan wilayah kelola mereka. Ratusan ribu perempuan miskin dan pemuda desa kehilangan pekerjaan di dalam negeri, puluhan ribu pekerja honorer terkatung-katung dan tidak jelas nasibnya, lebih dari lima juta rakyat Indonesia sekarang tengah mengadu nasib di luar negeri tanpa perlindungan hukum yang jelas. Ini adalah contoh dari sistem kapitalis yang mengakibatkan kemiskinan struktural.

## Kemiskinan Bagian Dari Permasalah Sosial

Masyarakat adalah dinamis, karena masyarakat merupakan sekumpulan dan sekaligus individu, keluarga, kelompok dan organisasi yang saling berinteraksi dan berindependensi untuk mencapai tujuan. Aktivitas pencapaian tujuan tersebut hendaknya dilakukan sesuai dengan norma dan nilai yang ditetapkan. Bervariasinya menyebabkan di antara mereka melakukan aktivitas menyimpang dari norma dan nilai, sehingga masalah sosial selalu ada dan terjadi dalam masyarakat. menurut (soejono Soekanto masalah Sosial adalah suatu ketidaksesuaian antara unsur-unsur kebudayaan atau masyarakat, yang membahayakan kehidupan kelompok sosial.[18]

Rubington dan Winberg (1999) mendifinisikan masalah sosial sebagai *"social problem as an allenged situation that is incompaible with the values of significant number of people who agree that action is needed to alter the situation"*. Penjelasan tersebut menyiratkan bahwa masalah sosial dianggap oleh banyak orang bertentangan dengan nilai, sehingga mereka setuju adanya tindakan untuk mengatasi atau menghilangkan situasi tersebut.

Masalah sosial timbul dari berbagai sebab, baik faktor pelaku *(internal factor)* maupun faktor lingkungan (exsternal factor). Faktor-faktor internal dan eksternal saling berinteraksi dan berindependensi, sehingga masalah sosial biasanmya kompleks dan tidak mudah dipecahkan. Masalah sosial mempunyai berbagai dimensi, baik ekonomi, sosial, budaya, biologis, psikologis, spiritual,

---

[18] Soekanto, Soerjono (2002), *Sosiologi sebagai pengantar*, Jakarta:Gramedia

hukum maupun keamanan, sehingga masalah sosial hanya bisa didekati secara lintas sektor dan interdisipliner.

Selain itu, masalah sosial juga menunjukkan ketidakharmonisan atau disorganisasi sistem-sistem sosial yang ada dalam masyarakat, baik sistem keluarga, sistem sosial lokal hingga negara. Sistem-sistem sosial tersebut tidak mampu melaksanakan perananya dengan baik, sehingga sekelompok individu dalam masyarakat terlempar dari sitem sosial yang normatif. Masalah sosial tertentu mungkin hanya dipandang sebagai masalah atau kondisi yang tidak menyenangkan oleh sebagian orang. Masalah sosial terjadi karena struktur dari sistem masyarakat tidak berjalan sesuai dengan yang diharapkan. Contoh masalah sosial tersebut antara lain adalah pengangguran, kemiskinan, daerah kumuh, pengungsi, perdagangan anak dan wanita.

Kemiskinan adalah salah satu dari masalah sosial, itu dibuktikan dari komponen masalah sosial yang diungkapkan James Midgley yang melihat bahwa permasahan sosial itu sebagai gejala yang membahayakan (*harmful*) maupun sekedar menggagangu (*detrimental*). Kemiskinan mencakup kedua kategori diatas. Kaemiskinan dapat membahayakan dan juga menganggu dan meresahkan masyarakat.

Kemiskinan relatif bersumber dari perspektif masing-masing orang, seseorang yang mempunyai "perasaan miskin" akan secara langsung mengalami kemiskinan relatif, karna mempunyai mental miskin. Berapapun penghasilan yang didapat, dirasakan tidak akan pernah cukup karna merasa selalu kurang. Orang yang berada dalam kemiskinan ini mengikuti gaya hidup sekelompok kecil orang kaya tapi terhalang oleh ketidak mampuan ekonominya. Seseorang yang mempunyai mental miskin seperti ini lah yang akan sluit keluar dari kemiskinannya. Demikian juga dengan kemiskinan absolut yang bertumpu pada tingkat/batas kondisi ekonomi tertentu. Orang yang berada di bawah batas itu yang diwakili ketidak mampuan dalam memenuhi kebutuhan dasar hidup minimal seperti pangan, sandang dan papan disebut sebagai berada di bawah garis kemiskinan. Orang yang berada dalam kemiskinan absolut inilah yang sering kali menjadi masalah sosial.

Masalah sosial merupakan isu-isu sosial yang oleh banyak orang diberikan penjelasan dan resolusi yang berbeda-beda atau dianggap masalah atau merugikan kesejahteraan masyarakat. Masalah sosial biasanya ditandai dengan klaim-klaim yang bertentangan dari banyak orang dan kelompok kepentingan terhadap isu-isu tertentu.

Contoh keberadaan orang yang dalam kemiskinan absolut inilah adalah kemiskinan yang dapat menimbulkan kejahatan maupun merusak tatanan keindahan kota. Kemiskinan yang melahirkan kejahatan konvensional. Seperti yang diungkapkan Mustafa (2007) bahwa secara individual seseorang melakukan kejahatan dapat berhubungan dengan tidak dinikmatinya kesejahteraan sosial dalam berbagai aspek, dan kemudian tindakan kejahatan yang dilakukannya merugikan pihak lain.[19] Dari sini terlihat bahwa kemiskinan merupakan masalah sosial yang berbahaya, mengakibatkan kerugian, menggangu dan meresahkan masyarakat. kemiskinan mendorong seseorang berlaku jahat yang menimbulkan masalah sosial karena bersumber pada penyimpangan norma-norma masyarakat.

**Konsep pemerataan dalam perekonomian subsistensi**

Istilah perekonomian subsistensi umumnya digunakan khusus dari perekonomian desa agraris yang produktivitasnya rendah. Produksi subsistensi merupakan bagian dari produksi pertanian yang dikomsumsi oleh para anggota rumah tangga itu sendiri. Produsen sekaligus merupakan konsumen, dan interaksi pasar tidak pernah terjadi. Jenis perekonomian ini dihadapakan pada suatu perekonomian kaum tani yang dikomesialkan atau dengan suatu perekonomian industri perkotaan[20]. Menyangkut produksi subsistensi hanya mengacu pada barang yang dibuat untuk dikomsumsi langsung dalam rumah tangga. Produksi substensi ini umumnya terwujud dalam produksi pangan, termasuk perikanan dan memelihara ternak.

---

[19] Mustofa.Muhammad.(2007). Kriminologi: Kajian Sosiologis terhadap Kriminalitas, prilaku menyimpang dan Pelanggaran Hukum. Depok. Fisip UI press.
[20] Suparlan, Parsudi. (1993). Kemiskinan di Perkotaan. Yayasan Obor Indonesia. Jakarta

Masyarakat pertanian yang pada umumnya menggunakan ekonomi subsistensi, memiliki ikatan kekerabatan yang kuat dan selalu menjunjung tinggi tradisi. Itu tidak lepas dari kehiupan petani yang sering kali memegang teguh filsafat hidupnya yang selalu pasrah akan keadaan. Karakteristik petani yang lain adalah adanya sikap kehati-hatian dan cenderung untuk menghindari resiko dengan harapan mengamankan kebutuhan subsistensinya. Prinsip dahulukan selamat dan enggan menanggung resiko hingga saat ini masih berlaku dan digunakan oleh masyarakat petani dalam setiap usahanya untuk mengatasi tekanan-tekanan yang datang dari luar dan yang mengancam eksistensinya. Walaupun untuk waktu singkat sistem ekonomi subsistensi ini memberikan dampak positif, tapi juga memberikan dampak negatif

Seperti yang ddiketahui tujuan dari ekonomi subsistensi petani yaitu untuk dapat memenuhi kebutuhan pangan keluarga, bisa memenuhi kebutuhan sosial masyarakat, ritual serta pajak-pajak yang dikenakan kepadanya. Bila etika subsistensi tidak terpenuhi akan muncul resistensi (kegelisahan) dan bila dimotori akan memunculkan gerakan. Hal ini yang terjadi kemudian, sebagai dampak dari penderitaan dan kemiskinan yang dialami petani akibat sistem ekploitasi yang berlebihan.

Sebagaimana diketahui, para petani kecil mempunyai pandangan hidup yang lebih "mendahulukan selamat". Artinya, mereka itu tidak akan begitu mudah mengambil suatu keputusan yang hasilnya masih belum secara pasti diyakini. Mereka cenderung takut melakukan tindakan yang bersifat spekulasi yang mungkin dapat membahayakan kehidupannya, sekalipun dari tindakan tersebut dijanjikan hasil yang berlimpah. Contohnya saja dalam hal pemilihan jenis bibit dan cara-cara bertani misalnya, maka hal itu hanya berarti bahwa petani lebih suka meminimalkan kemungkinan terjadinya satu bencana dari pada memaksimalkan penghasilan rata-ratanya. Sehingga setiap kali diperkenalkan teknik-teknik baru, mereka tidak akan segera mengadopsi sebelum secara pasti diketahui hasilnya, sebab kuatir akan kegagalan yang bisa berakibat buruk bagi kehidupannya yang memang sudah berada di ambang batas tersebut.

## PSIKOLOGI KRIMINAL

Psikologi kriminal dalam konsep kriminologi dimaksudkan untuk mengetahui kecenderungan seseorang untuk berlaku atau bertindak jahat dilihat dari aspek psikologi. Pendekatan psikologikal kriminal dipergunakan untuk mengidentifikasi penyebab terjadinya kejahatan yang berasal dari faktor internal seperti kelainan prilaku atau kejiwaan pelaku kejahatan. Tingkah laku individu atau manusia yang menyimpang tidak dapat dipisahkan dari interaksinya dengan manusia lain, karena setiap manusia merupakan satu jaringan dan mempunyai dasar yang sama. Dalam pendekatan Psiko-analitis dan Fisiognomi menyatakan bahwa bentuk fisik seseorang mempengaruhi sifat seseorang. Fisiognomi dianggap sebagai pseudo sains, karena tidak ada penjelasan ilmiah tentang kepastian ilmu tersebut. Meski begitu, seorang fisiognom Yoshito Mizuno dapat memprediksi kesuksesan seseorang pilot dan tingkat ketepatannnya mencapai 80%. Sebuah analisa fisiognomi tentang penerus pemimpin Korea Utara, Kim Jong Un dipublikasikan Koran Yonhap di Korea Selatan sebagai salah satu cara untuk dunia luar mengenal penerus pemimpin Korea Utara ini berhubung sulitnya melihat kehidupan pribadi para pemimpin Korea Utara.

Pada abad ke 19, Cesare Lombroso seorang kriminolog Italia menyatakan bahwa dari dua ras yang ada di Italia Utara dan Selatan, orang-orang dari Selatan paling banyak melakukan kejahatan karena lebih sedikit berdarah Arya dibandingkan dengan orang-orang Utara. Dia juga menambahkan bahwa orang-orang dengan kulit lebih coklat, wajah asimetris, bibir besar, telinga seperti monyet, hidung bengkok dan tangan panjang cenderung melakukan perbuatan menyimpang. Lombroso melakukan penelitian pada manusia dan primate simian menyatakan bahwa ada sekelompok orang yang memang sitakdirkan menjadi penjahat.

Berbeda dengan penjelasan Lambroso, cabang ilmu kriminologi saat ini meneliti pelaku kejahatan dari aspek psikologi membagi teori besar atas 6 konsep, yang menurut Colvin dan Pauly (1983) meliputi:

1.  Differential Association

Ditengah-tengah dominasi pemikiran fisik, biologis, psikiatri terhadap usaha menjelaskan berkembangnya pemikiran pengaruh faktor lingkungan terhadap individu yang secara biologis dan psikologis normal hingga seseorang dapat melakukan kejahtan. Teori ini dikemukan oleh sosiolog terkemuka di amerika bernama Edwin Hardin Sutherland (1883-1950) yang mengemukan 9 dalil dalam teori asosiasi yang berbeda-beda. Sehingga kejahatan lalu dapat diterima dan dimengerti sebagai tingakah laku yang dipelajari secara normal. 9 dalil-dalil tersebut : (1.) tingkah laku jahat itu dipelajari. (2) tingkah laku jahat dipelajari dalam suatu interaksi melalui proses komunikasi. (3) interaksi untuk balajar itu terjadi dalam kelompok yang intim. (4) yang dipeljari termasuk teknik/cara melakukan kejahatan, petunjuk/arah khusus dari motif, dorongan, rasionalisasi, dan sikap. (5)petunjuk arah khusus dari motif dan drongan dipelajari dari definisi-definisi hukum yang mendukung dan yang tidak mendukung tingkah laku jahat. (6) seseorang menjadi jahat karna definisi-definisi yang mendukung pelanggaran hukum sangat banyak sehinga melebihi definisi-definisi yang tidak mendukung pelanggaran hukum. (7) asosiasi yang berbeda-beda bervariasi dalam hal frekuensi, durasi, prioritas maupun intensitas. (8). Proses mempelajari tingkah laku jahat melalui asosiasi dengan pola-pola tingkah laku jahat dan yang tidak jahat tidak terbatas pada peniruan saja. (9) meskipun tingkah laku jahat merupakan ekspresi kebutuhan dan nilai-nilai umum, tingkah laku jahat tidak dapat dijelaskan oleh kebutuhna dan nilai-nilai umum tersebut karena tingkah laku tidak jahat juga merupakan ekspresi ebutuhan nilai-nilai yang sama.

Dapat ditarik kesimpulan bahwa Sutherland mengemukakan interaksi sosial dapat menghasilkan penyimpangan atau kejahatan. Seseorang individu akan menjadi penjahat karena dia berhubungan dengan pola tingkah laku jahat dan terisolasi dari pola tingkah laku tidak jahat. Teori ini tepat ketika menjelaskan prilaku menyimpang berhubungan dengan vandalisme maupun kejahatan pencurian. Disamping teori ini masih banyak kekurangannya.

2. Strain and subcultural theories

Menurut Merton (1939) keadaan anomie adalah kontradiksi antara budaya dan struktur sosial masyarakat. Dalam masyarakat baik budaya maupun struktur sosial seringkali muncul yang namanay dishormoni. Situasi seperti ini dapat menimbulkan frustasi terhadapa warga masyarakatnya. Subkultural, atau penyimpangan kultural (Sutherland) mengasumsikan konflik normatif antar kelas atau budaya.

3. Control theory

Teori kontrol mengasumsikan bahwa kontrolpenahan dari tiap-tiap individu lah yang berperan dalam mengendalikan ego, superego dan mempengaruhi otoritas institusi sosial seperti keluarga, sekolah, lingkungan. Reckless membagi atas inner containment dan outer cointainment. Sedangkan teori sosial kontrol menurut hirchi (1) attachment. (2) commintment. (3) involvement. (4) belief. . temuan hirshi bahwa anak-anak delinkuen mempunyai keterikatan yang kurang terhadap orang tuanya dibandingkan dengan anak-anak non-delinkuent. Tapi masih banyak kekurangan terhadap teori ini seperti yang dikemukakan oleh Agnew yang menyataka bahwa element-elemnt pengikat tadi tidak dapat memprediksi self-reported deliquent tiap kalinya.

4. Labelling thory

Teori labeling merupakan asumsi dari pendekatan interkasionis. Inti dari teori ini adalah, bahwa seseorang yang di label sebagai penjahat akan menyusuaikan dirinya terhadap label yang diberikan.

5. Conflict theory

Didalam masyarakat yang sangat komplek seringkali memicu timbulnya konflik nillai maupun konflik kepentingan dalam masyarakat komplek. Selain itu juga menjelaskan pola tindakan individu yang berpotensi memunculkan konflik bila suatu tindakan yang dilakukan oleh individu tersebut dinilai berbeda dengan masyarakat.

6. Environmental crimonilogy

Terdapat tiga pendekatan dalam menjelaskan kejahatan berdasarkan studi kriminologi lingkungan. Pertama, letak geografis dan arsitektur bangunan, seperti desain gedung, penggunaan lahan, dan tata ruang yang memungkinkan terjadinya kejahatan jalanan, seperti perampokan, pencurian, dan vandalisme. Kedua, menjelaskan kesempatan yang mungkin terjadi dalam ruang sementara. Pendekatan kedua ini menekankan pada tiga elemen minimal yang harus ada jika kejahatan terjadi, yaitu: pelaku potensial, target potensial, dan ketiadaan penjagaan. Ketiga, pendekatan ini muncul karena adanya pemahaman tentang pencegahan kejahatan situasional yang membutuhkan penanganan yang cepat, mengenai pilihan dan keputusan dan yang difokuskan atas kejahatan yang terjadi dalam situasi tertentu.

# RELASI HAK CYBER DAN MUNCULNYA
# KEJAHATAN CYBER

Perkembangan teknologi komputer, telekomunikasi dan informatika di era globalisasi bukanlah suatu hal yang fiktif melainkan sudah menjadi kenyataan yang diwujudkan dalam berbagai bentuk. Penyebaran informasi telah melintasi batas-batas wilayah dan perbedaan waktu sudah tidak lagi memisahkan manusia.

Kehadiran teknologi yang semakin canggih menghadirkan polemik. Satu keuntungan besar dari sistem komputer adalah kemudahan menganalisis, kemudahan mengirimkan, dan berbagai pakai informasi digital dengan banyak user, namun pada saat yang sama kemampuan ini juga menciptakan peluang-peluang baru untuk berlawanan dengan hukum yang berlaku atau merugikan orang lain disisi lain perlindungan atas kerahasiaan pribadi dan hak milik intelektual sedang menjadi sorotan dan wacana yang selalu mucul dan hilang begitu saja. Sebagai warga masyarakat yang berkesadaran sosial, kita ingin melakukan tau apa saja hak sebagai pengguna cyberspace dan hubungannya dengan munculnya kejahatan cyber (cyber-crime) dan penjahat cyber. Seiring dengan perkembangan teknologi Internet, menyebabkan munculnya kejahatan yang disebut dengan "CyberCrime" atau kejahatan melalui jaringan Internet[21]

Masyarakat memiliki hak-hak tertentu berkaitan dengan penggunaan komputer. Hak ini dapat dipandang dari segi komputer atau dari segi informasi yang dihasilkan komputer.

---

[21] Bakat Purwanto (1995), Bentuk Kejahatan Baru Akibat Perkembangan Iptek, BPHN, Departemen Kehakiman.

Hak atas komputer[22]. Komputer merupakan peralatan yang begitu penuh daya sehingga tidak dapat dipisahkan dari masyarakat. Dengan demikian masyarakat memiliki hak atas komputer, yakni berupa (menurut Deborah Johnson) :

1.  Hak atas akses komputer

    Setiap orang tidak perlu memiliki sebuah komputer. Namun pemilikan atau akses komputer merupakan kunci mencapai hak-hak tertentu lainnya, yakni mendapatkan pendidikan yang baik, pelatihan keahlian, mendukung wiraswasta, dan lain-lain.

2.  Hak atas keahlian komputer

    Di awal pemunculan komputer, ada ketakutan yang luas dari para pekerja bahwa komputer akan mengakibatkan pemutusan hubungan kerja masal. Kenyataannya, komputer telah menciptakan pekerjaan lebih banyak daripada yang dihilangkannya. Sehingga pengetahuan tentang komputer sebagai suatu kebutuhan.

3.  Hak atas spesialis komputer

    Mustahil seseorang memperoleh semua pengetahuan dan keahlian komputer yang diperlukan. Karena itu kita harus memiliki akses ke para spesialis tersebut, seperti kita memiliki akses ke dokter, dan pengacara.

4.  Hak atas pengambilan keputusan komputer

    Walau masyarakat tidak banyak berpartisipasi dalam pengambilan keputusan mengenai bagaimana komputer digunakan, msyarakat memiliki hak tersebut. Hal tersebut layak jika komputer dapat berdampak buruk bagi masyarakat. Hak-hak tersebut dicerminkan dalam UU komputer yang telah mengatur penggunaan komputer. Di Indonesia masih dalam tahap pembahasan dan belum dalam bentuk RUU.

5.  Hak atas informasi

    Klasifikasi hak asasi manusia dalam bidang komputer dalam hal informasi yang paling luas dipublikasikan adalah PAPA (Privacy, Accuracy, Property,

---

[22] http://docs.google.com/gview?a=v&q=cache:NMV1X0rEvZgJ:www.ajrc-aceh.org/file/PENEGAKAN%2520

Accessibility). Hal tersebut dibuat oleh Richard O Mason, yang masing-masing menjelaskan :

6. Hak atas Privacy;

Setiap orang memiliki hak untuk dibiarkan menyendiri dalam mendapatkan informasinya. Hak tersebut sedang terancam karena ada dua kekuatan, yaitu meningkatnya kemampuan computer yang digunakan bagi pengintaian dan meningkatnya nilai informasi bagi pengambilan keputusan.

7. Hak atas Accuracy;

Komputer dipercaya mampu mencapai tingkat akurasi yang tidak dapat dicapai oleh sistem non Komputer :

7.1. Hak atas Property

Dalam hal ini adalah hak milik intelektual (hak atas kekayaan intelektual) dalam bentuk program-program komputer. Sehingga HKI tersebut tidak digandakan secara illegal oleh pemakai atau kadang untuk dijual kembali.

7.2. Hak atas Accessibility;

Informasi yang sebelumnya dalam bentuk dokumen cetak atau microfilm di perpustakaan yang tersedia bagi masyarakat umum. Berdasarkan perkembangan perangkat lunak khususnya database management systems, akses ke penyimpanan informasi atau data menjadi lebih cepat dan lebih mudah. Namun, banyak dari informasi tersebut diubah menjadi database komersial. Sehingga menjadikan informasi tersebut kurang dapat diakses oleh masyarakat. Untuk memiliki akses ke informasi tersebut, seseorang harus memiliki perangkat keras komputer dan perangkat lunak yang diperlukan serta harus membayar biaya akses.

Computer crime dirumuskan sebagai perbuatan melawan hukum yang dilakukan dengan memakai komputer sebagai sarana/alat atau komputer sebagai objek, baik untuk memperoleh keuntungan ataupun tidak, dengan merugikan pihak lain. Secara ringkas computer crime didefinisikan sebagai perbuatan melawan hukum yang dilakukan dengan menggunakan teknologi komputer yang canggih (Wisnubroto, 1999).

Cyber Crime adalah upaya memasuki/menggunakan fasilitas computer/jaringan computer tanpa ijin dan melawan hukum atau tanpa menyebabkan perubahan atau kerusakan pada fasilitas computer yang dimasuki atau digunakan tersebut. Sedang menurut The U.S Department of justice, cyber crime is any illegal act requiring knowledge of computer technology for it perpetration, investigation or prosecution.

Beberapa bentuk kejahatan komputer[23]

1. Unauthorized Access to Computer System and Service

Kejahatan yang dilakukan dengan memasuki/ menyusup ke dalam suatu sistem jaringan komputer secara tidak sah, tanpa izin atau tanpa sepengetahuan dari pemilik sistem jaringan komputer yang dimasukinya.

2. Illegal Contents

Merupakan kejahatan dengan memasukkan data atau informasi ke internet tentang sesuatu hal yang tidak benar, tidak etis, dan dapat dianggap melanggar hukum atau mengganggu ketertiban umum.

3. Data Forgery

Merupakan kejahatan dengan memalsukan data pada dokumen-dokumen penting yang tersimpan sebagai scriptless document melalui internet.

4. Cyber Espionage

Merupakan kejahatan yang memanfaatkan jaringan internet untuk melakukan kegiatan matamata terhadap pihak lain, dengan memasuki sistem jaringan komputer (computer network

system) pihak sasaran.

5. Cyber Sabotage and Extortion

Kejahatan ini dilakukan dengan membuat gangguan, perusakan atau penghancuran terhadap suatu data, program komputer atau sistem jaringan komputer yang terhubung dengan internet. Offense Against Intellectual Property Kejahatan ini ditujukan terhadap hak atas kekayaan intelektual yang dimiliki pihak lain di internet. Sebagai contoh adalah peniruan tampilan pada web page

---

[23] Bakat Purwanto (1995), Bentuk Kejahatan Baru Akibat Perkembangan Iptek, BPHN, Departemen Kehakiman.

suatu situs milik orang lain secara ilegal, penyiaran suatu informasi di internet yang ternyata merupakan rahasia dagang orang lain dan sebagainya.

6.  Infringements of Privacy

Cyber crime yang merupakan perkembangan lanjut dari computer-crime. Sejak dikenalnya jaringan internet, maka mulai pula dikenal kejahatan komputer (Cyber crime) dan masuk dalam permasalahannya adalah tentang HAKI (Hak Kekayaan Intelektual/ *Intelectual Property Right*) dan e-*commerce* (perdagangan melalui internet).[24]

Kejahatan ini ditujukan terhadap informasi seseorang yang merupakan hal yang sangat pribadi dan rahasia. Kejahatan ini biasanya ditujukan terhadap keterangan seseorang pada formulir data pribadi yang tersimpan secara computerized, yang apabila diketahui oleh orang lain akan dapat merugikan korban secara materil maupun immateril, seperti nomor kartu kredit, nomor PIN ATM, cacat atau penyakit tersembunyi dan sebagainya.

Kejahatan yang paling marak saat ini adalah di bidang HAKI yang meliputi hak cipta, hak paten, hak merek, rahasia dagang, desain industri, dsb. Kejahatan itu adakalanya dengan carding, hacking, cracking dan cybersquanting.

Ada beberapa bentuk dari hak-hak (cyber rights) yang harus dapat saling dihormati oleh sesama pengguna internet, salah satunya yaitu hak atas privacy. Beberapa dari kejahatan komputer (cyber-crime) menyelewengkan data pribadi atau masuk tanpa izin ke jaringan komputer yang harusnya bersifat privacy utuk mengambil keuntungan pribadi. Seperti Unauthorized Access to Computer System and Service atau illegal content.

Penganturan atas hak yang diperoleh dalam cyberspace harus dapat dihormati dengan sesama pengguna internet. Hak-hak yang dilanggar apalagi yang menimbulkan kerugian disalah satu pihak dikategorikan sebagai kejahatan komputer (cyber-crime dalam hal ini). Orang yang melanggar hak tersebut dikategorikan sebagai penjahat. Saat ini regulasi tentang kejahatan dunia maya

---

[24] Heru Soepraptomo (2001), "Kejahatan Komputer dan Siber serta Antisipasi Pengaturan Pencegahannya di Indonesia" Jurnal Hukum Bisni, Volume 12, 2001, Yayasan Pengembangan Hukum Bisnis, Jakarta.

telah di sah dan dilegalkan. Oleh karena itu terdapat batasan yang jelas mana yang dikategorikan sebagai pelanggaran

Beberapa Contoh dari kejahatan yang melanggar hak (cyber rights) adalah :

1. Offense against Intellectual Property. Kejahatan ini ditujukan terhadap Hak Atas Kekayaan Intelektual yang dimiliki pihak lain di internet.

2. Infringements of Privacy. Kejahatan ini ditujukan terhadap informasi seseorang yang merupakan hal yang sangat pribadi dan rahasia. Kejahatan ini biasanya ditujukan terhadap keterangan pribadi seseorang yang tersimpan pada formulir data pribadi yang tersimpan secara computerized, yang apabila diketahui orang lain maka dapat merugikan korban baik secara materiil maupun immateriil.

Kesimpulan yang dapat diambil bahwa terdapat relasi antara hak cyber (cyber rights), munculnya kejahatan (cyber-crime), dan penjahat cyber. Salah satu bentuk dari Cyber crime adalah pelanggaran terhadap hak-hak pengguna internet oleh penjahat komputer, baik itu hak privacy, hak property, hak informasi semua hak yang disebutkan diatas dengan tujuan merugikan pihak lain. Perkembangan teknologi komputer, telekomunikasi dan informatika di era globalisasi telah melintasi batas-batas wilayah, ini berarti masalah hukum yang berkaitan dengan yurisdiksi dan penegakan serta pemilihan hukum yang berlaku terhadap suatu sengketa multi-yurisdiksi akan bertambah penting dan konfleks.

Kelahiran internet telah membalikkan segalanya, yang jauh jadi dekat, yang khayal jadi nyata, namun dibalik kemergelapan itu, juga melahirkan keresahan-keresahan baru, di antaranya muncul kejahatan yang canggih dalam bentuk "cyber crime". Relasi antara hak cyber (cyber rights), munculnya kejahatan (cyber-crime), dan penjahat cyber. Salah satu bentuk dari Cyber crime adalah pelanggaran terhadap hak-hak pengguna internet oleh penjahat komputer, baik itu hak privacy, hak property, hak informasi semua hak yang disebutkan diatas dengan tujuan merugikan pihak lain

## PELANGGARAN HAM DALAM
## PERISTIWA 27 JULI

Peristiwa 27 Juli merupakan contoh kasus pelanggaran hak sipil dan politik yang dilakukan oleh aparatus koersi negara terhadap individu atau komunitas masyarakat sipil. Peristiwa 27 Juli memenuhi unsur-unsur yang diperlukan untuk menganalisis bentuk pelanggaran hak sipil dan politik tersebut. selain dampaknya yang cukup besar secara ekonomi, yakni kerugian material sebesar Rp 100 miliar seperti yang diumumkan Pemda DKI Jaya[25], juga memberikan gambaran yang utuh dan lengkap tentang proses terjadinya kekerasan yang dilakukan negara terhdapa individu atau warga masyarakat yang sedang mengaktualisasikan hak-hak sipil dan politiknya, baik aktivitas langsung maupun tidak langsung lewat PDI.

Peristiwa 27 Juli secara gamblang memperlihatkan kekerasan negara yang dilakukan oleh para pejabat negara lewat sejumlah pernyataan-pernyataannya yang berusaha menggalang opini publik berupa ungkapan stigmatisasi dan tudingan-tudingan dalang, aktor intelektual, die-hard, dan sebagainya. Selain itu, kekerasan juga dilakukan oleh aparat negara seperti militer dan kepolisian yang ironisnya justru yang seharusnya bertindak sebagai penegak hukum dan pelindung masyarakat. Kekerasan yang dilakukan oleh aparat negara berupa tindakan represif seperti penekanan, intimidasi, teror, sampai pada penggunaan kekerasan fisik.

Berbagai tindakan yang dapat dikualifikasikan sebagai pelanggaran HAM di bidang sipil dan politik tersebut meliputi:

1. Pelanggaran atas kebebasan perpendapat dan berekspresi yaitu UU no 9 tahun 1998 yang intinya menjelaskan tentang kemerdekaan menyampaikan pendapat dimuka umum. Adanya UU No. 9 Tahun 1998, secara yuridis telah memberikan legalitas bagi segenap elemen masyarakat untuk menyampaikan pendapatnya masing-masing di tempat umum, baik itu dilakukan secara lisan maupun tulisan. Contohnya Stigmanisasi makar terhadap Mimbar Bebas,

2. Kebebasan untuk berserikat dan berkumpul diatur pada UUD 1945 dalam pasal 28E yang berbunyi : Setiap orang berhak atas kebebasan berserikat, berkumpul, dan mengeluarkan pendapat. Kebebasan untuk berkumpul dan berserikat ini telah dilanggar oleh aparatur negara dengan penghacuran secara sistematis dan dengan kekerasan terhadap PDI yang diketuai oleh Megawati Soekarno Putri. Para aktivis ditangkap, dikejar-kejar dan distigmanisasi dengan tuduhan komunis sehingga memaksa mereka untuk bergerak dibawah tanah.

3. Tidak adanya pelaksanaan keadilan yang fair/adil dan tidak memihak (fair trial) yang merupakan bagian dari HAM, bahkan MKRI menyatakan bahwa hak atas peradilan yang adil adalah inherent dalam prinsip negara hukum. Lebih jauh lagi hak atas peradilan yang adil merupakan komponen inti dari perjanjian internasional tentang HAM seperti konvenan Internasional Tentang Hak Sipil dan Politik, Konvensi HAM Eropa, Konvensi negara-negara di Amerika tentang HAM (Pakta San Jose)[26]. Selain itu pasal 14 Kovenan Internasional Hak-Hak Sipil dan Politik (KIHS) (International Convention on Civil and Political Rights) hak dasar

---

[26] Uli, Parulian Sihombing. Hak Atas Peradilan Yang adil Yurispedensi pengadilan HAM Eropa, Komite HAM PBB dan Pengadilan HAM Inter-America. The Indoneisian Legal Resourche Center. Jakarta. 2008

sipil dan politik yaitu Hak atas pemeriksaan adil dan proses hukum yang semestinya. Ini terlihat dari proses peradilan terhadap 124 aktivis PDI. Mereka yang diserbu dan menjadi korban justru dihukum, sementara pihak penyerbu yang jelas-jelas melakukan tindak kekerasan tidak mendapatkan sangsi hukum apapun

4. Tidak ada perlindungan dari rasa takut. Sedangkan Hak asasi manusia terhadap rasa aman termasuk hak dasar manusia, yang diatur pada pasal 28 G (Ayat 1) Undang-Undang Dasar Negara Republik Indonesia 1945. Yang intinya memberi rasa aman pada setiap warganya menjadi tanggungjawab negara. Tidak adanya perlindungan dari rasa takut ini dialami oleh aktivis PDI dan para aktivis LSM lainnya pasca 27 Juli. Intimidasi, teror, penangkapan, semena-mena serta penyiksaan dalam tahanan justru dilakukan oleh aparat-aparat yang seharusnya bertugas melindungi warga negara.

5. Perlakukan kekerasan oleh para aparat negara dan pihak-pihak lainnya. Hal ini dialami ioleh satgas DPP-PDI yang diserbuu pada pagi 27 Juli 1996. Mereka diperlakukan dengan penuh kekerasan oleh "oknum" pasukan Brimob dan "preman-preman" berkaos merah yang dikerahkan sebagai pendukung konggres Medan

Kualifikasi tersebut dapat diuraikan sebagai berikut: *pertama*, terjadinya tindak kekerasan (forture and contemtible punishment) oleh pejabat publik dan aparat koersi negara. Rangkaian peristiwa 27 Juli melahirkan sederet tindak kekerasan, mulai dari jatuhnya korban-korban di kantor DPP-PDI Jalan Diponegoro pada penyerbuan pagi hari, hingga kerusuhan dan kekerasan terhadap warga sipil di jalan Salemba, Diponegoro, Proklamasi, dan Pramuka sepanjang siang hingga malam hari yang mengakibatkan paling tidak tewasnya 5 orang, 149 luka-luka serta 23 orang hilang.

*Kedua*, penangkapan dan penahanan sewenang-wenangan (arbitrary arrest and detention) yang terjadi terhadap warga sipil. Dalam hal ini yangmanjadi korban adalah para aktivis pro-demokrasi dan kalangan LSM. Penahanan dan penangkapan tersebut sesungguhnya tidak didasarkan atas hukum acara pidana tetapi untuk maksud dan tujuan bukan mencari kebenaran seseungguhnya. Negara dalam hal ini menginstrumentasikan prosedur hukum untuk melegitimasi dan menjustifikasi kepetingan dan perbuatan aparat koersinnya.

*Ketiga,* akibat lebih lanjut dari penahanan dan penangkapan sewenang-wenang tersebut adalah tidak adanya perlindungan dan jaminana yang pasti terhadap hak-hak politik warga masyarakat untuk mengaktualisasikan hak atas kebebasan berekspresi dan kebebasan berkumpul seperti yang dijamin oleh pasal 28 UUD 1945. Masyarakat menjadi khawatir akan kemungkinan behwa setiap saat mereka bisa dijerat atau didakwa dengan pasal-pasal karet mulai dari pasal-pasal PNPS tahun 1963 tentang subversi ataupun pasal-pasal *Hatzaai Artikelen* buatan pemerintah kolonial[27]. Adapun landasan hukum yang mengatur penahanan dan penangkapan sewenang-wenang diatur dalam konvensi anti penyiksaan (Convention Against Torture / CAT) oleh pemerintah Indonesia melalui UUNo.5/1998 serta adanya UU No.2/2002 tentang Kepolisian, UU No.3/2002 tentang Pertahanan dan Keamanan dan UU TNI No.34/2004.

Sedangkan dalam KUHP hanya diatur tindak pidana penganiayaan tanpa mengakomodir tindak pidana penyiksaan yang dilakukan oleh aparatus negara. Akibatnya, kalaupun ada pertanggungjawaban pidana atas kasus-kasus penyiksaan maka pelaku hanya dapat dituntut melakukan penganiayaan dengan elemen of crime yang berbeda serta mendapatkan penghukuman yang tidak maksimal. Dalam peristiwa 27 Juli ini, walaupun penangkapan dan penyiksaan jelas-jelas dilakukan oleh aparatur negara, tetapi pelaku penganiayaan jangankan dihukum, terjerat oleh undang-undang pun tidak.

*Keempat,* telah terjadi proses peradilan atau penegakan hukum yang tidak didasari oleh prinsip fairness seperti persidangan ke-124 aktivis PDI.

---

[27] Aderito de Jesus Soeres, Alexander Supartono. 1996: Tahun Kekerasan: Potret Pelanggaran HAM di Indonesia. Yayasan Lembaga Bantuan Hukum Indonesia. Jakarta: 1997

*Kelima,* khusus tentang 23 orang yang higga kini masih dinyatakan hilang berdasarkan laporan final fact-finding Komnas HAM. Dalam hal ini maka bisa dikatakan bahwa kekerasan negara telah mengakibatkan terjadinya hukuman mati diluar proses hukum (extrajuicial death and disappearence)

# PERDAGANGAN PEREMPUAN

Prostitusi merupakan profesi tertua di dunia, hal ini didasarkan anggapan bahwa secara naluriah, manusia baik sebagai mahluk individu maupun sebagai mahluk sosial, melalui berbagai cara dan usaha dalam bentuk budaya, mempunyai kehendak yang antara lain: (1) mempertahankan dirinya dari gangguan dan tantangan yang ada; (2) mempertahankan hidup dan mengembangkan kehidupannya; (3) mempertahankan hidup generasinya melalui perkawinan; (4) mengadakan hubungan seksual antara kedua jenis kelamin untuk memenuhi kebutuhan biologis. Dari hal tersebut lah yang melatarbelakangi timbulnya prostitusi yang menuntut hasrat alamiah dari seorang individu. Dewasa ini, bisnis seks sangat digemari banyak orang, dan dapat memberikan untung besar dalam berbisnis. Menjamurnya perdagangan sexs karena industri tersebut menawarkan hedonisme sehingga menjadikan pusat-pusat pariwisata sebagai pusat dari perdagangan seks.

Seperti halnya perbudakan, prostitusi merupakan perkosaan, penjatuhan martabat, penyiksaan dari laki-laki dalam mengontrol wanita. Prostitusi juga sering disebut sebagai white slavery atau perbudakan yang dihaluskan. Pekerjaan prostitusi yang seringkali dipaksakan yang berarti melawan kemauan dari perempuan tersebut untuk menjadi seorang pekerja seks.[28] Seringkali seseorang

---

[28] http://www.jstor.org/stable/4406490. Gangoli, Geetanji. Prostitution, Legalisation and

(dalam hal ini Muchikari) yang mengambil alih dari semua pilihan-pilihan pekerja seks,

Rata-rata para pekerja seks, berawal dari umur 14 tahun. Dari 1,5 juta anak-anak yang tidak punya rumah, 50% dari mereka akan menjadi pekerja seks.[29] Permintaan pasar seks juga menginginkan pekerja seks berumur masih muda, karna gadis muda lebih mudah untuk dikontrol. Prostitusi pada anak remaja dapat dibedakan berdasarkan waktu dan kegiatan, yaitu anak yang sepenuhnya melakukan kegiatan prostitusi dan anak yang melakukan kegiatan lain di jalanan untuk mendapatkan uang yang kadang-kadang juga melakukan prostitusi.

Menurut ECPAT, prostitusi anak karena eksploitasi seksual terjadi karena kemiskinan, disfungsi keluarga, pendidikan rendah, pengangguran, penghasilan kurang, tradisi, dan peningkatan kebutuhan perempuan muda pada industri seks. Sari sebab-sebab tersebut, kemiskinan merupakan faktor utama dan kontributor terbesar kasus eksploitasi seks pada anak dan kunci yang mendorong mereka berprofesi menjadi anak jalanan. Anak-anak yang tereksploitasi secara seksual mempunyai mobilitas tinggi dan mereka yang sudah terperangkap sulit keluar karena sering kali teman dan lingkungan masyarakat bersikap menghakimi.

Rendahnya pengetahuan orangtua akan hak asasi anak menyebabkan orangtua pun mengorbankan anaknya. Keterpaksaan itu lama-kelamaan berubah menjadi hobi yang dapat membebaskan mereka dalam melawan arus kehidupan. Akhirnya, anak-anak itu lebih mengharapkan uang dibandingkan pergi ke sekolah karena pemikiran dan pemahaman yang demikian telah terpola dan menjadi kultur anak jalanan.

**Market Prostitusi Dipasaran**

Ide tentang perdagangan tubuh wanita sebagai mekanisme komoditi seksual, berawal dari kecantikan (perempuan), yang melibatkan tahap demi tahap

---

Decriminalisation: Recent Debates
[29] http://www.jstor.org/stable/797084. Neal Kumar Katyal. Men Who Own Women: A Thirteenth Amendment Critique of Forced Prostitution.

tentang uang. Sebelum perempuan secara memasuki lapangan kerja sebagai buruh terdapat kelas tertentu yang secara eksplisit membayar kecantikan mereka. Para perempuan pekerja yang mempunyai profesi dalam dunia hiburan siap menemani kesenanagan para konsumen dimana saja, kapan saja, dan siapa saja. Bentuk dari komoditas ini cepat menjamur dipasaran internasional yang terbuka dengan segala implikasinya. Komoditi seksual ini juga merupakan salah satu contoh perempuan dalam posisi sebgai objek semata.

Perdagangan seks di Eropa Timur dan Tengah yang melibatkan perempuan sebagai korban mayoritas. Trafiking tumbuh berkembang ke arah eksploitasi perempuan. Selama tiga dasawarsa terakhir, sebanyak 175.000 perempuan dikirim lalu didagangkan ke berbagai negara dunia.[30] Dari angka tersebut, sebagaimana dilaporkan PBB –dapat menghasilkan 12 miliar dolar AS pertahun.

Tampaknya, trafiking bukan saja patahan waktu dan peristiwa. Hampir sepenuhnya bersentuhan dengan hasrat. Hasrat menguasai perempuan dan mengubahnya menjadi alat produksi. Artinya, trafiking adalah hasrat itu sendiri. Terlihat dalam perekrutan, penyelundupan, penggojlokan hingga aktifitas menjual dan membeli. Tak ada pertimbangan kemanusiaan, selain mencipta modal kapital. Di titik ini, persoalan perdagangan seks sangat laku dipasaran dan perempuan berperan sebagai komoditas hasrat, alternatif untuk memusakan nafsu laki-laki.

Sekitar 200-an sindikat bermain dalam agenda ini. Tersebar ke negara Austria, Jerman, Belgia, Belanda, Italia, Hungaria, Polandia, Turki, Israel, Kanada dan Amerika. Kerja mereka meliputi penculikan, penyelundupan, penggojlokan para perempuan hingga transaksi harga. Dengan segala ilusi kesejahteraan atau perbaikan ekonomi nasib perempuan berakhir di tangan para sindikat.

Untuk pertama kali diadakan kongres yang membahas tentang seks sebagai suatu pekerjaan di Eropa. Di tahun 1992 di Eropa setiap para pekerja

---

[30] http://www.jstor.org/stable/1395532. Judith Kilvington, Sophie Day, Helen Ward. Prostitution Policy in Europe: A Time of Change?

dibolehkan untuk bekerja sesuai dengan keinginanya. Prostitusi selama ini dianggap bukalah suatu pekerjaan. Di beberapa negara di kawasan Eropa prostitusi dilegalkan. Pada piagam sosial carter tahun 1992 mereka (prostitusi) meminta persamaan hak, kebebasan sebagai seorang pekerja dan minta pajak sama seperti hal nya pekerja lainnya.[31]

Di german dewasa ini, para pekerja seks akan dikenakan pajak sebanyak 56% dan akan tercatat sebagai "ETC". walaupun begitu banyak dari para pekerja seksual tidak mendapatkan perlakuan yang ramah dibandingkan para pekerja sosial lainnya dan pengacara. Prostitusi dianggap ilegal juga dengan cara melakukan pekerjaan seksnya ditempat-tempat mahal, tidak perlu takut melanggar hukum dibandingkan melakukannya diruangan-ruangan biasa.

Lebih tepatnya prostitusi di german merupakan zona abu-abu, antara legal dan tidak legal. Laki-laki biasanya yang membuat peraturan untuk memerangi prostitusi tapi tetap ingin mendapat keuntungan dari prostitusi. Prostitusi menyumbang angka yang cukup besar dalam HIV/AIDS, itu disebabkan bayaknya laki-laki yang memakai jasa prostitusi tidak mau memaki kondom, yang pada akhirnya menyalahkan wanita sebagai pelaku.

Pada kenyatannya prostitusi adalah menjual tubuh untuk mendapatkan untung. Tapi kenyataanya prostitusi tidak hanya seperti itu saja, melainkanjuga memerlukan keterampilan dan waktu, mereka akan dibayar berdasarkan keterampilan dan waktu tersebut. COYOTE menuntut untuk hak asasi para pekerja seks. Tahun 1982 National Organiation for Women (NOW) mendukung untuk memperjuangkan hak-hak wanita untuk tidak dipaksa menjadi pekerja seks, karna wanita mempunyai hak atas dirinya untuk memilih sendiri apa yang dia mau. Seperti halnya pilihan atas bekerja di bidang sosial lainnya yang dianggap terhormat.[32] Pekerja seks dianggap sebagai pekekerjaan yang independent yanaag memerlukan liburan, asuransi maupun sosial sekuriti seperti para pekerja lainnya.

---

[31] http://www.jstor.org/stable/466258. Jasmin Aquan-Assee. Prostitution Is Work.
[32] http://www.jstor.org/stable/800751. Jenness, Valerie. From Sex as Sin to Sex as Work: COYOTE and the Reorganization of Prostitution as a Social Problem

## PERBANDINGAN KONVENSI HAK ANAK DAN
## UNDANG-UNDANG PERLINDUNGAN HAK ANAK

Instrumen hukum yang mengatur perlindungan hak-hak anak diatur dalam Konvensi PBB tentang Hak-Hak Anak *(Convention on The Rights of The Child)* th 1983[33] , telah diratifikasi oleh lebih 191 negara. Indonesia sebagai anggota PBB telah meratifikasi dengan Kepres Nomor 36 th 1990. Dengan demikian Konvensi PBB tentang Hak Anak tersebut telah menjadi hukum Indonesia dan mengikat seluruh warga negara Indonesia.

Konvensi Hak-Hak Anak merupakan instrumen yang berisi rumusan prinsip-prinsip universal dan ketentuan norma hukum mengenai anak. Konvensi Hak Anak merupakan sebuah perjanjian internasional mengenai hak asasi manusia yang memasukan masing-masing hak-hak sipil dan politik, ha-hak ekonomi, sosial dan budaya. Secara garis besar Konvensi Hak Anak dapat dikategorikan sebagai berikut, pertama penegasan hak-hak anak, kedua perlindungan anak oleh negara, ketiga peran serta berbagai pihak (pemerintah, masyarakat dan swasta) dalam menjamin penghormatan terhadap hak-hak anak.

Indonesia sebagai salah satu negara yang telah ikut meratifikasi konvensi hak anak seharusnya dapat memberikana perlindungan terhadap anak-anak Indonesia sedangkan pada kenyataanya, perlindungan anak masih belum tertata dengan baik dari segi kebijakan, hingga saat ini, karena banyak kebijakan yang berkaitan dengan perlindungan anak tidak menggunakan konvensi hak anak sebagai dasar pertimbangan. Termasuk UU Perlindungan Anak No 23 Tahun 2002. Secara logika hukum, sumber hukum perlindungan anak seharusnya berasal

---

[33] *Convention on The Rights of The Child, UNICEF*, 1990.

dari konvensi hak anak, kemudian disesuaikan dengan nilai-nila sosial budaya negara bangsa Indonesia dan spirit agama-agama.

Terabaikannya Konvensi Hak Anak sebagai pertimbangan hukum pada semua perundang-undangan yang mengatur perlindungan anak bukan tanpa sebab, karena cara pandang pemerintah pada saat itu (orde baru), dalam membuat kebijakan masih merujuk pada pemenuhan dasar (needs based) khususnya disektor pendidikan, kesehatan, gizi dan kesejahteraan sosial, yang semestinya harus merujuk pada pemenuhan hak (rights based), termasuk persoalan perlindungan anak dari kekerasan, eksploitasi dan penelantaran. Prinsipnya bahwa subyek (dalam hal ini rakyat) tidak sebatas memberi pandangan tetapi juga sebagai fungsi kontrol. Sebagai contoh Indonesia baru mensahkan UU Perlindungan anak pada tahun 2002, sedangkan UU kesejahteraan anak telah diterbitkan pada tahun 1979.

Undang-undang Perlindungan Anak dibuat berdasarkan empat prinsip KHA: non-diskriminasi, kepentingan terbaik bagi anak, hak untuk hidup, bertahan dan berkembang, dan hak anak untuk berpartisipasi.[34]

## 1. Hak terhadap kelangsungan hidup *(survival rights)*

Hak kelangsungan hidup berupa hak-hak anak untuk melestarikan dan mempertahankan hidup dan hak untuk memperoleh standar kesehatan tertinggi dan perawatan yang sebaik-baiknya.

Konsekwensinya menurut Konvensi Hak Anak negara harus menjamin kelangsungan hak hidup, kelangsungan hidup dan perkembangan anak (Pasal 6). Disamping itu negara berkewajiban untuk menjamin hak atas tarap kesehatan tertinggi yang bisa dijangkau, dan melakukan pelayanan kesehatan dan pengobatan, khusuSnya perawatan kesehatan primer. (Pasal 24).

## 2. Hak terhadap perlindungan *(protection rights)*

Hak perlindungan yaitu perlindungan anak dari diskriminasi, tindak kekerasan dan keterlantaran bagi anak yang tidak mempunyai keluarga, dan bagi anak pengungsi. Hak perlindungan dari

---

[34] http://www.lcki.org/images/seminar_anak/Aspek-Hukum.pdf

diskriminasi, termasuk (1) perlindungan anak penyandang cacat untuk memperoleh pendidikan, perwatan dan latihan khusus, dan (2) hak anak dari kelompok masyarakat minoritas dan penduduk asli dalam kehidupan masyarakat negara.

### 3. Hak untuk Tumbuh Berkembang *(development rights)*

Hak tumbuh berkembang meliputi segala bentuk pendidikan (formal maupun non formal) dan hak untuk mencapai standar hidup yang layak bagi perkembangan fisik, mental, spiritual, moral

dan sosial anak. Hak anak atas pendidikan diatur pada Pasal 28 Konvensi Hak Anak menyebutkan, (1) negara menjamin kewajiban pendidikan dasar dan menyediakan secara cuma-cuma, (2) mendorong pengembangan macam-macam bentuk pendidikan dan mudah dijangkau oleh setiap anak, (3) membuat imformasi dan bimbingan pendidikan dan ketrampIlan bagi anak, dan (4) mengambil langkah-langkah untuk mendorong kehadirannya secara teratur.

### 4. Hak untuk Berpartisipasi *(participation rights)*

Hak untuk berpartisipasi yaitu hak untuk menyatakan pendapat dalam segala hal yang mempengaruhi anak. Hak yang terkait dengan itu meliputi (1) hak untuk berpendapat dan memperoleh pertimbangan atas pendapatnya, (2) hak untuk mendapat dan mengetahui informasi serta untuk mengekpresikan, (3) hak untuk berserikat menjalin hubungan untuk bergabung, dan (4) hak untuk memperoleh imformasi yang layak dan terlindung dari informasi yang tidak sehat.

di sekolah dan pengurangan angka putus sekolah.

Pembuatan rancangan undang-undang ini dilakukan melalui proses yang cukup panjang dengan mengikutsertakan para wakil dari berbagai sektor pemerintah serta LSM, cendikiawan dan pakar dalam bidang hak anak. sebelum disahkan oleh DPR, Rancangan undang-undang Perlindungan Anak dibahas di seluruh Indonesia dan berbagai lokakarya dan seminar.

Undang-Undang Nomor 23 Tahun 2002 tentang Perlindungan Anak sudah disahkan selama dua tahun, tetapi pelaksanaan di lapangan belum berjalan seperti yang diharapkan. Masing-masing pihak yang terlibat dalam pelaksanaan undang-undang itu menyampaikan sederet persoalan yang secara nyata mereka hadapi sehari-hari di lapangan dalam pelaksanaan undang-undang tersebut. Beberapa materi yang diatur dalam UU Perlindungan Anak[35] antara lain (1) masalah pemenuhan hak anak dan kewajibannya, (2) tangung jawab negara, pemerintah, masyarakat, keluarga, dan orang tua terhadap anak, (3) perwalian anak, (4) kuasa asuh, (5) pengangkatan anak, (6) perlindungan anak dalam bidang kesehatan, agama, pendidikan, dan sosial, dan (7) ketentuan pidana anak.

Contoh dari realita yang ada diIndonesia adalah anak-anak yang dihadapkan dengan hukum seperti pengadilan anak dalam hal membuat berkas perkara harusnya berdasarkan Undang-Undang Perlindungan Anak, pada kenyataannya jaksa menolak mempergunakan berkas perkara yang sesuai dengan undang-undang perlindungan anak. Lebih memilih memakai undang-undang hukum pidana. Sedangkan dalam Undang-Undang Perlindungan Anak terdapat hukuman minimal untuk pelaku sehingga ada efek penjera untuk yang lain. Kenyataan yang terjadi dilapangan penyidik dengan jaksa dan hakim belum ada persepsi yang sama.

Sedangkan Undang-undang telah mengatur untuk penanganan penyelesiaan hukum bagi anak yang terlibat perkara hukum dikeluarkan peradilan yang diatur dalam UU Nomor 3 tahun 1997 tentang Peradilan Anak. Terkait dengan itu juga diatur pada beberapa pasal KUHP yang masih dipakai yang mengatur masalah perlindungan hukum bagi anak yang melakukan tindak pidana, seperti Pasal 45, 46 dan 47 KUHP.[36] Menurut UU Nomor 3 tahun 1997, yang dimaksud anak adalah orang yang dalam perkara anak nakal telah mencapai umur 8 tahun tetapi belum mencapai umur 18 tahun atau belum pernah nikah. Sementara batas umur anak untuk dapat diajukan ke pengadilan ditetapkan antara 8-18 tahun, dan selanjutnya untuk dapat dipidana minimal berumur 12 tahun

Ini menyangkut Masalah jaminan hukum Pelaksanaan perlindungan anak belum dijamin dengan peraturan perundang-undangan yang mantap, sehingga menghambat pelaksanaan perlindungan anak. Pelaksanaan /implementasi dari

---

[35] http://eprints.ums.ac.id/349/1/5._ABSORI.pdf
[36] Erma Syofyan Syukrie, Pelaksanaan Konvensi Hak Anak Ditinjau dari Aspek Hukum, hal 67.

Undang-Undang belum berjalan sepenuhnya sesuai dengan harapan masyarakat dalam upaua Perlindungan anak.

Persoalan mendasar di sini adalah meskipun Undang-Undang Perlindungan Anak sudah berlaku selama dua tahun, tetapi kekerasan terhadap anak tidak menyurut. Kekerasan terhadap anak perempuan, terutama kekerasan seksual, terus menghiasi media massa kita. Penyebabnya entah mereka tidak tahu atau enggan menggunakan undang-undang perlindungan anak dan memilih undang-undang hukum pidana. Padahal kenyataanya Undang-Undang Perlindungan Anak diadakan dengan tujuan menjamin terpenuhinya hak-hak anak agar dapat hidup, tumbuh, berkembang, dan berpartisipasi optimal sesuai harkat dan martabat kemanusiaan, mendapat perlindungan dari kekerasan dan diskriminasi.

www.ingramcontent.com/pod-product-compliance
Lightning Source LLC
Chambersburg PA
CBHW080341290526
45791CB00009BA/2686